Louis MORAND

GÉNÉALOGIE

DE

LA FAMILLE

DE

GASPARD MONGE

LIBRAIRIE E. NOURRY

DIJON | PARIS

place Saint-Etienne. | 11, rue des Saints-Pères

1904

GÉNÉALOGIE

DE

LA FAMILLE

DE

GASPARD MONGE

Tiré à 50 exemplaires.

———

No 50

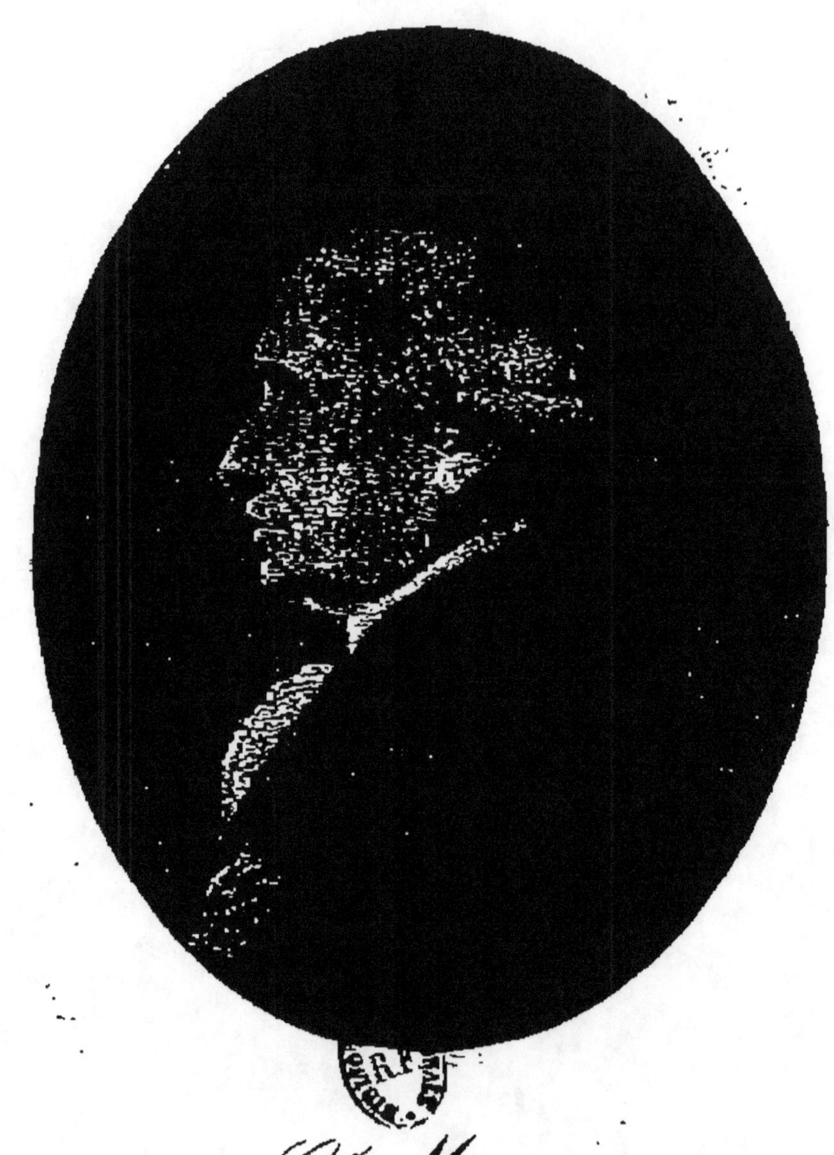

Gal. Monge.
Dédié aux Eleves de l'Ecole Polytechnique
Se vend chez Quénedey, Rue Neuve des Petits Champs N.º 15.

Louis MORAND

GÉNÉALOGIE

DE

LA FAMILLE

DE

GASPARD MONGE

LIBRAIRIE E. NOURRY

DIJON	PARIS
10, place Saint-Etienne.	11, rue des Saints-Pères.

1904

DU MÊME AUTEUR

Généalogie des Gagnare (de Beaune, en Bourgogne), seigneurs de Bévy, Baissey, La Motte, Joursanvault, etc.

Notes d'Histoire locale extraites des anciens registres de l'état civil de la ville de Beaune.

Le Collège de Beaune pendant les Cent-Jours.

Deux Relations inédites de la Prise de Beaune en 1595, etc.

Le Triomphe de la Liberté royale et la Prise de Beaune en 1595, par Pierre Boton. Réimprimé, avec une préface.

Armand Gouffé et les Tonneliers de Beaune.

Armand Gouffé et Joseph Sirven. — Correspondance.

Nécrologie. — M. le Vicomte A. de Vergnette de Lamotte.

Armoiries de Communautés, Associations, Corporations, Abbayes, Evêchés français et étrangers.

Le Baron de Joursanvault et les Artistes bourguignons. — Prud'hon, Gagneraux, Naigeon.

Antoine de Marcenay de Ghuy, peintre et graveur. 1724-1811. Catalogue de son œuvre. Lettre inédites et portrait de Marcenay, d'après lui-même.

Une Famille d'Artistes. Les Naigeon. Notices biographiques et catalogues de leurs œuvres. Portrait de Gaspard Monge, par Jean Naigeon.

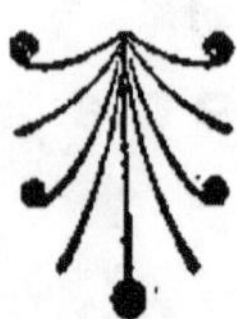

GÉNÉALOGIE

DE

LA FAMILLE

DE

GASPARD MONGE

N. MONGE, né en Savoie, vers 1660, a eu deux enfants :

1. Claude Monge, qui suit.

2. N. Monge, curé de Saint-Jeoire-en-Faucigny (Savoie).

Claude MONGE, né à Saint-Jeoire, vers 1690, mort après 1744.

Femme, Jacqueline GAY, ou GUY,

1. Jacques Monge, qui suit.

2. Claude-François Monge, rapporté après (page 46).

3. Antoinette Monge, née à Saint-Jeoire, morte à Beaune, âgée d'environ 70 ans, le 21 avril 1801. Célibataire.

4. N. Monge, dont

N. Monge.

Jacques MONGE, né à Saint-Jeoire en 1718, marchand à Beaune, depuis 1737; en 1751, adjudicataire de la halle; membre de la confrérie des merciers établie dans l'église des Cordeliers, marié à Beaune, paroisse Saint-Pierre, le 19 mai 1744, mort à Beaune, le 17 septembre 1775.

Femme Jeanne ROUSSEAU, née à Beaune, en 1711; fille de Pierre Rousseau, voiturier et de Jeanne Deboit, morte à Beaune, le 5 juin 1781.

1. Gaspard Monge, qui suit.

2. Louis Monge, rapporté après (page 41).

3. Germain Monge, né à Beaune, le 22 février 1750, mort très jeune.

4. Jean Monge, rapporté après Louis, (page 43).

Gaspard MONGE, né à Beaune, paroisse Saint-Pierre, le 10 mai 1746, marié à Rocroy, le 12 juin 1777, mort à Paris, rue de Bellechasse, n° 3, le 28 juillet 1818.

La vie de Monge n'a pas sa place ici ; on la trouve dans tous les recueils biographiques. Nous en donnons les événements principaux.

Il fait ses premières études au collège des Oratoriens de sa ville natale, qui, frappés de ses aptitudes pour l'étude des sciences, l'envoient à leurs confrères de Lyon, où ceux-ci le chargent de l'enseignement de la physique. Monge avait alors seize ans.

En 1763, il est reçu à l'école royale du génie de Mézières, comme élève appareilleur et dessinateur. Deux ans après, on le nomme répétiteur, puis suppléant de Bossut dans sa chaire de mathématiques et de l'abbé Nollet à celle de physique. En 1771, il remplace ce dernier.

C'est à cette école, en 1765-1766, qu'il résout un problème de défilement par un procédé géométrique de son invention, dans lequel se trouve en germe les fondements d'une méthode nouvelle et féconde, indispensable à tous les arts de construction, qui, complétée par des développements successifs, a reçu plus tard le nom de *Géométrie descriptive*. Il était âgé de vingt ans.

De 1770 à 1789, Monge envoie des communications aux Académies de Turin et de Paris, qui les publient dans leurs Mémoires.

En 1780, il est appelé à Paris, comme suppléant de Bossut, professeur d'hydrodynamique au Louvre, fonctions qu'il remplit avec celles de répétiteur à Mézières. La même année, sur la proposition de d'Alembert, il est nommé membre de l'Académie des Sciences, dont il était correspondant.

En 1783, il quitte définitivement Mézières pour venir à Paris, où il succède à Bezout comme examinateur des gardes du pavillon, puis des élèves de la marine.

En 1789, il fait partie de la commission du mètre.

Ministre de la marine du 10 août 1792 au 9 avril 1793, est chargé du portefeuille de la guerre, en l'absence de Servan.

A la demande du Comité de salut public, de 1793 à 1795, il s'occupe avec six de ses collègues, physiciens, chimistes et mécaniciens, de fournir tout ce qui manquait aux armées. Monge se charge de la fonte des canons avec le forage et les autres opérations accessoires, des mortiers, obus, boulets, etc, de la fabrication de l'acier, inconnue en France, de celle du salpêtre, etc. Il n'a de repos ni jour ni nuit, domine, entraîne ses collègues par son exemple, l'ascendant de son enthousiasme et la vivacité de son caractère.

A cette époque, il ouvre quai Voltaire et ensuite à la maison Pommeuse, une école préparatoire aux sciences physiques et mathématiques ; il y enseigne la géométrie descriptive et l'analyse, ainsi qu'à l'Ecole Normale et au Lycée de Paris ; fonde, avec ses collègues, l'Ecole Centrale des travaux public, y est aussi professeur et il publie ses leçons.

En 1794, il prend la plus grande part à la création de l'Ecole Polytechnique, en trace le plan d'étude qui est adopté, en presse l'organisation avec tant d'ardeur, qu'on peut le considérer comme le principal fondateur, le père, de l'école où il continue le professorat.

En 1795, il fait partie de la première classe de l'Institut (sciences mathématiques et physiques).

En mai 1796, il est nommé l'un des commissaires chargés de choisir en Italie les objets d'art et de science cédés à la France, en vertu des traités des victoires des armées.

Le général en chef de l'armée d'Italie l'envoie, avec le général Berthier, apporter au Directoire le traité de paix de Campo-Formio. Arrivé à Paris, le 22 décembre 1797, il retourne ensuite achever sa mission en Italie, où il reste jusqu'à son départ pour l'Egypte ; le 26 mai 1798, il rallie devant Malte la flotte partie de Toulon.

Bonaparte le nomme président de l'Institut d'Egypte ; il assiste à la bataille des Pyramides, accompagne le général en chef à Suez, en Syrie, retourne avec lui en France et reprend sa place de professeur à l'Ecole Polytechnique.

Le Directoire l'envoie, en 1798, avec Daunou et Vincent, organiser la République romaine.

Le département de la Côte-d'Or le nomme au Conseil des Cinq Cents, en mars 1798 ; il fait aussi partie du Conseil des Anciens du Sénat à sa formation ; il en était président en 1806 et de la Chambre des Pairs pendant les Cent Jours.

En 1801, il est un des fondateurs de la Société d'encouragement pour l'industrie nationale.

L'Empereur le nomme Comte de Péluse, grand-officier de la Légion d'honneur, grand'croix de l'ordre de la Réunion et de la Couronne de Fer, lui donne la sénatorerie de Liège et un majorat en Westphalie.

Les désastres de la fin de l'Empire, le bannissement des conventionnels qui avaient voté la mort de Louis XVI, mesure qui atteignait l'un de ses gendres, sa radiation de l'Institut en 1816, par la Restauration, frappèrent douloureusement sa constitution cependant robuste, mais plus affaiblie par les chagrins que par ses grands travaux. Il mourut laissant le nom d'un homme profondément bon et intègre et d'un des savants dont la France a le droit de s'honorer.

Il a publié, entre autres :

Traité élémentaire de statique, (1788).

Avis aux ouvriers en fer sur la fabrication de l'acier, (1793).

Description de l'art de fabriquer les canons, (1794).

Feuilles d'analyse appliquée à la géométrie, à l'usage de l'Ecole Polytechnique, (1795) (six éditions).

Géométrie descriptive. — *Leçons données aux écoles normales,* (an III), (huit éditions).

Travaux dans les collections scientifiques :

Mélanges de philosophie et de mathématiques de la société royale de Turin.

Mémoires des savants étrangers de l'Académie des sciences de Paris.

Mémoires de l'académie de Paris.

Journal de l'école polytechnique.

Correspondance polytechnique.

Annales de chimie.

Description de l'Egypte.

Décade égyptienne.

« Il existe plusieurs portraits de
« Monge. Le dessin de Naigeon, gravé à
« la manière noire ou au lavis par Que-
« nedey, est celui que madame Monge
« a bien voulu mettre à ma disposition
« pour la *Description de l'Egypte* ; il est
« d'une grande fidélité ; la physiono-
« mie est frappante de vérité et pleine
« de sentiment. On a encore une très
« belle gravure au burin, par Taver-
« nier, faite par M. Vallée d'après le

« dessin de Naigeon ; la gravure au la-
« vis a, selon moi, plus de vie et d'ex-
« pression. » *(Souvenirs sur Gaspard
Monge et ses rapports avec Napoléon.....
(par Jomard).* C'est le portrait de Naigeon (François), gravé par Quenedey,
que nous avons fait reproduire.

Femme, Marie-Catherine HUART,
née à Rocroy, le 2 juin 1747, veuve de
Jacques Horbon, morte à Paris, le
27 février 1846.

1. Jeanne-Charlotte-Emélie Monge,
qui suit.

2. Louise-Françoise Monge, rapportée après (page 24).

3. Adélaïde Monge, née à Mézières,
le 18 juillet 1780, morte à Paris, le 5 décembre 1783.

Jeanne - Charlotte - Emélie MONGE,
née à Rocroy, le 7 mars 1778, morte à
Pommard, le 29 octobre 1827, mariée à
Paris, le 14 mai 1795, à *Nicolas-Joseph*
MAREY, né à Nuits, le 21 novembre
1760, quatrième fils de Claude Marey
et de Claude Lenoir, mariés en 1756 ;
mort à Pommard, le 3 décembre 1818.

Il était négociant dans sa ville natale,

lorsque, le 29 août 1751, il fut élu député suppléant de la Côte-d'Or, à l'Assemblée Législative, où il ne siégea pas. Le 6 septembre 1792, le même département le nomma député à la Convention le 7e sur 10, par 303 voix sur 500 votants. Lors du procès de Louis XVI, il vota pour la détention et le bannissement. A la fin de la session, il retourna à Nuits et ne s'occupa plus que d'affaires commerciales. Il a publié : 1° *Opinion sur le jugement de Louis XVI*, imprimé par ordre de la Convention nationale ; 2° *Vie du capitaine Thurot*, 1791, in-8°.

Par ordonnance royale, du 10 décembre 1840, les enfants de Nicolas-Joseph Marey et de Jeanne-Charlotte-Emélie Monge, ont été autorisés à ajouter à leur nom celui de Monge, leur aïeul et à s'appeler à l'avenir *Marey-Monge*.

1° *Guillaume - Stanislas* MAREY-MONGE, né à Nuits, le 19 février 1796, mort à Pommard, le 15 juin 1863. Célibataire.

Entré à l'Ecole Polytechnique en 1814, il en sort dans l'artillerie et, le 17 octobre 1817, il passe comme élève sous-lieutenant à l'Ecole d'Application de l'artillerie et du génie, à Metz. Il sort le premier de cette école, le 16 janvier 1819. Lieutenant en premier en 1824, capitaine adjudant-major en 1826, il rédigea douze mémoires sur l'artillerie, qui le firent avantageusement connaître. En 1830, il est désigné pour faire partie de l'expédition d'Alger et attaché à l'état-major du général La Hitte. Il permuta et, le 21 octobre de cette année, il est nommé chef d'escadron de de cavalerie et chargé de la formation de deux escadrons de chasseurs d'Afrique. Il se distingua à Sidi-Ferruch, à Staouéli, à l'attaque des forts de l'Empereur et de Bab-Azoum, à Blidah, à Bouffarick. Peu après, il eut à organiser les spahis dont il avait proposé la création ; promu lieutenant-colonel en 1834 et nommé agha, ou commandant politique, militaire et administratif des tribus dépendantes d'Alger ; blessé en 1835, au désastre de la Macta, il passe colonel aux spahis, le 31 mars 1837. Rentré en France en 1839, pour y prendre le commandement du 1er cuirassiers, il retourne en Algérie en 1841, nommé au 2e chasseurs d'Afrique. Maréchal de camp, le 9 avril 1843, général de division, le 12 juin 1848, il exerça, par intérim, le gouvernement général de l'Algérie, du 20 juin au 4 novembre de la même année. Pendant dix-huit mois, commandant la cavalerie des colonnes dont il faisait partie, il prit une part brillante à de nombreuses expéditions. Rappelé en France, il eut successivement le commandement de la 5e division de l'armée des Alpes, à Dijon, en 1849 ; de la 13e à Clermont-Ferrand, en 1850 et enfin de la 3e, à Metz, en 1851. En 1857, désigné pour prendre part à l'expédition de la grande Kabylie, il devint inspecteur général de cavalerie. Admis, en 1861, dans le cadre de réserve de l'état-major, il est nommé sénateur, le 7 mai 1863 et mourut peu après. Il était grand'croix de la Légion d'Honneur, du 9 août 1851, médaillé de Sainte-Hélène et fut autorisé, le 5 mai 1859, à prendre le titre de comte de Péluse, qu'avait porté son aïeul maternel. Il a publié de nombreux mémoires sur les diverses branches de l'artillerie; *Notes sur la régence d'Alger*, (1834); *Aperçu sur l'histoire de la régence d'Alger depuis la conquête jusqu'en 1834*, (1834) ; *Mémoires sur les armes blanches.* Strasbourg, 1841, in-8° ; une traduction des *Poésies* d'Abd-el-Kader et de ses règlements militaires. Paris, 1848, in-8°.

2. *Gaspard-Louis* MAREY-MONGE, né à Nuits, le 29 novembre 1797, mort à Paris, le 22 mai 1821.

3. *Adolphe* MAREY-MONGE, né à Nuits, le 18 juillet 1800, mort à Nuits en janvier 1801.

4. *Ferdinand* MAREY-MONGE, né à Nuits, le 19 août 1802, mort à Dijon, le 28 août 1869, marié en deuxièmes noces, le 17 janvier 1856, à *Marie* DE BONNEUIL, morte à Pommard, le 12 décembre 1869.

Conseiller général de la Côte-d'Or pour le canton nord de Beaune.

De ce mariage :

Edith MAREY, mariée à *Hervé* DE BLIC, demeurant à Pommard.

5. *Françoise-Claudine-Clotilde* MA-REY-MONGE, née à Nuits, le 6 novembre 1805, morte à Bar-sur-Aube, le 21 juillet 1865, mariée à *Jean-François* ARMAND, né à Bar, fils de Nicolas-Armand et de Catherine Gras, mort à Bar, âgé de 93 ans, le 27 mars 1883.

Ancien élève de l'Ecole Polytechnique, il appartint après à l'administra-

2

tion des ponts et chaussées et fut, sous le premier empire, chargé des études d'une route de Paris à Madrid, dont il fit le tracé à travers les Pyrénées. Ensuite il a été employé en Belgique jusqu'à la paix. En 1826, il compta parmi les promoteurs du chemin de fer de Saint-Etienne à Lyon, qui fut la première tentative de voie ferrée exécutée en France. Après avoir donné sa démission d'ingénieur, il s'occupa de travaux agricoles et de diverses spéculations. Le 4 novembre 1837, le collège électoral de Bar-sur-Aube l'envoya à la Chambre des députés, par 159 voix sur 317 votants et 367 inscrits. L'élection ayant été annulée, ses électeurs lui renouvelèrent son mandat. Réélu le 9 juillet 1842, par 270 voix sur 295 votants et 460 inscrits et le 1er août 1846, par 239 voix, sur 459 votants et 506 inscrits.

De ce mariage :

Ernest ARMAND, né à Paris, le 6 mars 1829, marié à Paris, le 16 mars 1854, mort, le 28 novembre 1898.

Ses études de droit terminées, il entre dans la diplomatie. Le 1er mai 1850, il est attaché d'ambassade à La Haye ; le 3 mars 1854, à Londres, puis au cabinet du ministre, le 24 février 1855 et au congrès de Paris, en 1856. Secrétaire aux conférences de Zurich en 1859, puis chargé d'affaires à Hanovre, de novembre 1862 à avril 1863, à Hambourg, Brunswick et Rome et premier secrétaire dans cette ville, de juillet 1865 à novembre 1867. Il s'y trouvait lorsque Garibaldi envahit le territoire pontifical. Pour le récompenser de son zèle à défendre le pouvoir temporel du pape, Pie IX lui donna, le 26 novembre 1867, le titre de comte romain, qu'il fut autorisé à porter par décret du gouvernement français, du 4 juillet 1868. Chef du cabinet du ministre, le 20 juillet 1869, ministre plénipotentiaire de deuxième classe à la fin de la même année et envoyé extraordinaire et ministre plénipotentiaire à Lisbonne, le 12 avril 1870, il y resta jusqu'au 7 mars 1878. Mis alors en disponibilité, il a été ensuite admis à la retraite. En 1864, conseiller général de l'Aude pour le canton d'Arcis-sur-Aube, il a été élu, le 22 septembre 1839, député pour l'arrondissement d'Arcis, par 4,305 voix, contre 4,211 données à son concurrent, et n'a pas été réélu en 1893. Chevalier de la Légion d'Honneur, le 2 avril 1856, officier, le 14 août 1866 et commandeur, le 10 février 1875.

Femme, Blanche-Florence-Victoire-Sophie RAIMBEAUX, née à Mons (Belgique), le 12 septembre 1836, morte à Paris, le 1er février 1870.

De ce mariage :

A. *Cécile - Blanche - Marguerite* ARMAND, née à Paris, le 19 septembre 1858, mariée à Paris, le 7 janvier 1879, à *François, Comte de la Rochefoucauld Boyers,* ancien attaché d'ambassade.

B. *Abel-Henri-Georges* ARMAND, capitaine de cavalerie, né à Paris, le 10 décembre 1863, marié le 11 août 1891, à *Françoise* SAUVAGE DE BRANTES, dont :

Roger Armand, né à Paris, le 13 mai 1893.

6. *Louis-Edmond* MAREY-MONGE, né à Nuits, le 20 juillet 1807, marié à Beaune, le 4 mai 1826, à *Mélanie* VAUCHEY, morte le 24 septembre 1836.
Ancien élève de l'Ecole Polytechnique, il a fait en 1847 un travail impor-

tant sur l'aérostation et mourut à Paris, le 6 juillet 1868.

7. *Ernest - Barthélemy* MAREY-MONGE, ancien élève de l'Ecole Polytechnique, capitaine d'artillerie, né à Nuits, le 11 mai 1809, marié à Nuits, le 13 octobre 1834, à *Jeanne-Pierrette-Sophie* MAREY DE GASSENDI, née à Nuits, le 13 octobre 1816, morte à Nuits le 8 février 1893. Il mourut à Nuits, le 18 novembre 1852.

De ce mariage :

A. *Marie - Claude - Ernest* MAREY-MONGE, né à Nuits, le 25 décembre 1836, mort à Nuits en mai 1845.

B. *Marie-Paul* MAREY-MONGE, colonel de Mobiles en 1870, chevalier de la Légion d'Honneur, maire de Nuits, né à Nuits, le 8 janvier 1838, marié à Paris, le 15 janvier 1872, à *Marie-Jacobé* DE HAUT, existante à Nuits ; mort en cette ville, le 5 août 1880.

Dont :

Ernest Marey-Monge, lieutenant d'artillerie à Héricourt, né à Nuits, le 17 novembre 1872.

C. *Jane-Marie* MAREY-MONGE, née à Nuits, le 31 janvier 1839, mariée à Nuits le 12 novembre 1861, à *Paul* DUPONT, ancien officier d'artillerie, maire de Nuits; morte à Nuits, le 24 décembre 1868. Dont :

1. *Renée* DUPONT, mariée à *Georges* DUPONT, son cousin.

2. *Maurice* DUPONT.

3. *William* DUPONT.

4. *Jean* DUPONT.

8. *Nicolas - Pierre - Alfred* MAREY-MONGE, né à Nuits, le 6 mars 1814. Attaché au ministère des affaires étrangères en 1840, élève consul chargé de la gestion provisoire du consulat de France à Belgrade, puis du consulat à La Corogne, il avait été nommé consul général à Mogador, en juin 1845, et mourut en se rendant à son poste, dans le naufrage de la corvette *Le Papin*, près de Mazagran, le 7 décembre 1845.

9. Guillaume - Félix, dit *Alphonse* MAREY-MONGE, né à Pommard, le 30 août 1818, marié à Corgoloin, le 28 septembre 1846, mort à Pommard, le 28 mai 1877.

Entra au ministère des affaires étrangères ; attaché, puis secrétaire d'ambassade aux Etats-Unis, il fit partie des missions envoyées en Chine en 1841 et 1843. Il apporta au gouvernement, en juillet 1845, la convention qui ouvrait les ports chinois à notre commerce et reçut alors la croix de la Légion d'Honneur. Plusieurs fois maire de Pommard, conseiller d'arrondissement, puis conseiller général de la Côte-d'Or, pour le canton de Gevrey-Chambertin, il fut nommé, en 1861, député de la 2e circonscription de ce département, par 16,544 voix (23.149 votants, 36,665 inscrits). Réélu, le 4 juin 1863, par 21,252 voix (25,165 votants, 36,137 inscrits) et, le 24 mai 1869, par 19,477 voix (30,548 votants, 35,757 inscrits). Après le 4 septembre 1870, il se retira de la vie politique. Officier de la Légion d'Honneur, en 1867.

Femme, *Noël-Jeanne-Marie-Delphine* LEMIRE, née à Vertambeaux (Jura), le 8 septembre 1826.

De ce mariage :

1. *Berthe* MAREY-MONGE, née à Pommard, le 3 décembre 1847, mariée,

le 31 juillet 1872, à *Edmond* DETOUR-
BET, magistrat démissionnaire.

Dont :

A. René Detourbet, né à Sens, le
7 septembre 1873.

B. André Detourbet, né à Caen, le
22 décembre 1875.

2. *Stanislas-Roger* MAREY-MONGE,
officier de Mobiles en 1870, né à Beaune,
le 13 mars 1849, habite la colonie an-
glaise du Cap.

2° *Louise-Françoise* MONGE, fille ca-
dette de Gaspard Monge, née à Mézières, le 30 juin 1779, morte à Paris, le
25 janvier 1874, mariée à Paris, le 1er
novembre 1797, à *Joseph* ESCHASSE-
RIAUX, né à Corme-Royal, près Saintes (Charente-Inférieure), le 29 juillet
1753, mort aux Arènes de Thenac
(même département), le 24 janvier
1823.

Il fait ses premières études à Saintes ;
avocat au parlement de Bordeaux, le 20
juillet 1775, président à l'élection de
Marennes, le 16 novembre 1785 et occupe ce siège jusqu'à sa suppression au

début de la Révolution. Commandant
de la garde nationale de Corme-Royal,
élu administrateur du district de Saintes,
le 28 juin 1790 et, le 27 juillet suivant,
membre du directoire du département.
Le 29 juillet 1791, les électeurs de la
Charente-Inférieure le nomment, le 4e
sur 10, par 243 voix (424 votants), député à l'Assemblée Législative. Le même
département l'envoie à la Convention
nationale le 3e sur 11, par 379 voix (375
votants). Dans le procès de Louis XVI,
au 3e appel nominal, il répondit : « Je
vote pour la mort. » Il prit une part ac-
tive aux travaux de cette assemblée et
fit d'importants rapports sur les subsis-
tances, l'administration, la politique
intérieure, la réunion de la Belgique à
la France, la police, l'agriculture, etc.
Le 31 juillet 1794, la Convention le
nomme au Comité de Salut public ; sorti
le 4 novembre suivant, il y rentra le 7
octobre 1795. La Charente-Inférieure
l'élit au Conseil des Cinq Cents, le 21
vendémiaire an IV, par 249 voix sur
312 votants et quinze autres départe-
ments l'avaient en même temps désigné
commé député suppléant. Il est secrétaire de cette assemblée, le 20 mai 1796
et obtint le renouvellement de son

mandat, le 24 germinal an V, par 185 voix sur 296 votants, le tirage au sort l'ayant désigné comme un des membres sortants. Il y présenta également un grand nombre de rapports et déposa une proposition tendant à aviser au salut de Saint-Domingue et fit adopter plusieurs projets de décrets sur les affaires coloniales, précédés d'un exposé des motifs très étendu. Après le 18 brumaire, il se dévoua à la politique de Bonaparte, entra au Tribunat, le 4 vendémiaire an VIII et en devint encore secrétaire ; il était un des vingt membres qui devaient y rester jusqu'à l'an XII. En décembre 1804, il fut chargé d'affaires près la république du Valais et, le 19 octobre 1806, nommé ministre plénipotentiaire près la cour de Lucques et de Piombino, où il resta jusqu'en mai 1809. Napoléon, qui l'avait fait membre de la Légion d'Honneur, le 4 frimaire an IX, lui conféra, le 14 février 1810, le titre de Baron de l'Empire. Dès lors, il se consacra à des travaux d'histoire. Lors de l'invasion de 1814, il quitta Paris et vint habiter les environs de Saintes. Atteint par la loi du 18 janvier 1816 sur les régicides, il se réfugia dans les Pays-Bas, séjourna quelque temps à Courtray et se rendit à Huy, dans l'ancienne sénatorerie de son beau-père, Gaspard Monge. Ayant reçu, le 8 juin 1819, l'autorisation de rentrer en France, il se retira définitivement dans sa propriété des Arènes. On a de lui cinquante-un rapports, projets de décrets, discours, motions ou opinions, imprimés par ordre de la Convention et du Conseil des Cinq Cents, qui furent réunis en 3 vol. in-8°, sous le titre de : *Travaux du citoyen Eschasseriaux* ; *De la diplomatie, des droits des peuples, des principes qui doivent diriger un peuple républicain dans ses relations étrangères*, (an III) ; *Des intérêts des puissances ; Tableau politique de l'Europe au commencement du XIX° siècle et des moyens d'assurer la paix générale*, (an X, in-8°) ; *L'Homme d'Etat*, (an XI, in-8°) ; *Lettres sur le Valais et les mœurs de ses habitants, avec les tableaux les plus pittoresques de ce pays*, (1806, in-8°).

De ce mariage :

1° Lucile-Eugénie Eschasseriaux, qui suit.

2° Camille Eschasseriaux, rapporté après.

Lucile-Eugénie ESCHASSERIAUX, née à Paris, le 1er août 1798, mariée à Paris, le 4 juillet 1818, à *Marc-Antoine* DE GUILLOUTET, né à Port-Sainte-Marie (Lot-et-Garonne), le 10 novembre 1777, mort à Castelviel, le 15 septembre 1861. Elle mourut à Castelviel (Feugerolles), le 25 décembre 1867.

De ce mariage :

Joseph - Louis - Adhémar DE GUILLOUTET, né à Port-Sainte-Marie, le 6 avril 1819, marié à Saintes, le 27 janvier 1843.

Etait, depuis 1850, maire de Parleboscq et conseiller général des Landes pour le canton de Gabarret, lorsqu'il fut élu, le 1er juin 1863, député pour la circonscription de Mont-de-Marsan, par 18.948 voix (32.319 votants, 41.045 inscrits), contre 13,320 à M. Victor Lefranc. Membre de la commission du budget, secrétaire du Corps Législatif en 1866, 1867 et 1868, il présenta, le 11 février 1868, un amendement à la loi sur les délits de presse ainsi conçu : « Toute allégation malveillante relative à la vie privée, publiée par la voie de la presse, est punie d'une amende de 500 à 5.000 francs ; la poursuite ne peut être exercée

que sur la plainte de la partie intéres-
sée. » La majorité y ajouta le droit, pour
le parquet, de poursuivre d'office, avec
le consentement de la personne lésée.
Le vote de cet amendement dit « du
mur de la vie privée, » fit grand bruit et
valut à son auteur une subite renom-
mée. Il fut réélu, le 24 mai 1869, par
21.917 voix (37.146 votants, 43.640 inscrits), contre 15.205 voix à M. Victor
Lefranc. Le 31 juillet 1870, il était
nommé chef du 2e bataillon de la garde
mobile des Landes. A la chute de l'Empire, il se retira dans son château de
Lacaze, près Gabarret, où il organisa
une vaste exploitation agricole et ne se
représenta pas aux élections du 8 février
1871. Réélu en octobre de la même année, conseiller général des Landes et, le
20 février 1876, député dans son ancienne circonscription, par 7.326 voix
(11.984 votants, 16.074 inscrits), contre
4.858 voix à M. Elie de Dampierre, député sortant. Le 16 mai 1877 il fut un des
158 députés qui soutinrent de leur vote
le cabinet de Broglie. Réélu, le 14 octobre suivant, par 8.676 voix (13.300
votants, 16.587 inscrits), contre 4.542
voix à M. Pazat. Réélu, le 21 août 1881,
par 7.201 voix contre 5.573 à M. Pazat.

Réélu, le 4 octobre 1885, le 1er sur 5, avec 37.813 voix (71.339 votants, 83.874 inscrits); les élections des Landes ayant été invalidées en bloc, les électeurs, convoqués à nouveau, le 14 février 1886, donnèrent la majorité à la liste républicaine, et de Guilloutet échoua avec 34.176 voix sur 72.400 votants; le dernier élu de la liste républicaine, M. Sourigues, en obtint 37.878. Réélu, le 22 septembre 1889, par 7.690 voix, contre 6.900 à M. Lacroix. Chevalier de la Légion d'Honneur en 1865, officier, le 14 août 1869.

Femme, sa cousine germaine, *Marie Caroline* ESCHASSERIAUX, née à Saintes, le 5 février 1822, morte à Lubbou (Landes), le 14 octobre 1853.
De ce mariage :

1º Louis - Antoine - Joseph - Gaspard- *Camille* DE GUILLOUTET, né à Castelviel, le 23 novembre 1843, marié à Agen, le 4 janvier 1870, à *Valentine* DE DELARD. Dont :

1º *Alice* DE GUILLOUTET, née à Castelviel, le 2 février 1871, mariée à *Xavier* DE LUSSY. Dont :

A. Jacqueline de Lüssy.

B. Gérard de Lussy.

2. *Marie-Louise* DE GUILLOUTET, née le 12 septembre 1875.

2. *Françoise - Albertine - Louise* DE GUILLOUTET, né à Castelviel, le 1er août 1846, mariée le 18 février 1868, à *Albert* PEYREBÈRE, conseiller d'arrondissement pour le canton de Gabarret (Landes). Dont :

1° *Madeleine* DE PEYREBÈRE, mariée le 11 juillet 1887, à *Paul* BERMOND, dont quatre filles.

2. *Jacques* DE PEYREBÈRE, marié à *Jeanne* BELLIARD, dont un fils.

3. *Joseph* DE PEYREBÈRE.

Camille ESCHASSERIAUX, né à Paris, le 7 septembre 1800, marié à Paris, le 17 mars 1821, à sa cousine germaine, fille de René Eschasseriaux, mort aux Arènes de Thenac, le 2 juin 1834.

Etait propriétaire à Thenac et conseiller général de la Charente-Inférieure, lorsque le 7° collège de ce département l'élut député, le 8 juillet 1861, par 395 voix (477 votants, 607 inscrits), contre 65 à M. Foure. Il fut, en 1832, au nombre des signataires du *Compte-rendu* des députés de l'opposition. Le 29 mai 1833, il présenta un amendement au budget, tendant à supprimer le traitement des évéchés créés depuis le Concordat de 1801. Le gouvernement s'opposa au vote de l'amendement, qui fut rejeté. Eschasseriaux mourut trois mois avant la fin de la législature.

Femme, *Marie-Eugénie* ESCHASSERIAUX, née à Saintes, le 20 décembre 1802, morte à Thenac, le 16 juillet 1887.

De ce mariage :

1° *Marie - Caroline Eschasseriaux*, femme *d'Adhémar de Guilloutet*, qui vient d'être rapporté.

2. René-François-Eugène Eschasseiaux qui suit.

3. Marie-Catherine-Amélie Eschasseriaux, rapportée après. (Page 39.)

4. Lucile Eschasseriaux, rapportée ensuite. (Page 40.)

René-François-*Eugène* ESCHASSE-RIAUX, né aux Arènes de Thenac, le 25 juillet 1823, marié à Agen, le 1er août 1846.

Reçu avocat et licencié à Paris, il devint, en 1848, conseiller général de la Charente - Inférieure. Aux élections complémentaires du 22 juillet 1849, il fut nommé représentant du peuple à l'Assemblée législative par 27.120 voix, sur 53.106 votants et 135.385 inscrits, par son département, où les options avaient produit une vacance. En 1851, il fait partie de la commission d'enquête chargé de constater la production, le commerce et la consommation du sel dans les principaux centres d'exploitation et après le coup d'Etat du 2 décembre, le prince président le nomma membre de la commission consultative. Elu député, le 29 février 1852, dans la 3e circonscription de la Charente-Inférieure, par 25.301 voix (29.286 votants, 46.876 inscrits), contre 3.489 à M. Delajus, il fut secrétaire du Corps Législatif, prit part au rétablissement de l'Empire et fut réélu successivement : le 22 juin

1857, par 22.449 voix (23.144 votants, 46.297 inscrits), contre 223 voix à M. de Jaubert et 130 à M. Rigaud ; le 1er juin 1863, par 27.312 voix (33.278 votants, 47.310 inscrits), contre 5.704 voix à M. Duret ; et, le 24 mai 1869, par 23.788 voix (41.162 votants, 48.985 inscrits), contre 6.325 voix à M. Lemercier, 4.521 à M. Gaudin, 4.338 à M. Duchatel et 1880 à M. Duret. Dans les dernières années, il se rapprocha du centre, et, en juillet 1869, signa la demande d'interpellation des 116 avec le nouveau tiers parti libéral et vota pour la guerre avec l'Allemagne. Elu comme impérialiste, le 8 février 1871, le 5e sur 10, par 47.770 voix (100.500 votants, 148.277 inscrits) représentant de la Charente-Inférieure à l'Assemblée Nationale, il s'inscrivit à la réunion de l'Appel au Peuple, qu'il présida et au nom de laquelle il prit plusieurs fois la parole. Il fut l'un des cinq ou six députés qui protestèrent contre le vote de déchéance de la famille impériale. Il vota pour la paix, pour l'abrogation des lois d'exil, pour la loi sur les conseils généraux, contre le retour de l'assemblée à Paris ; prit une part importante à la loi pour la création d'impôts nouveaux, fut contre la loi des bouilleurs de cru. Un de ses discours (31 janvier 1872) contre la dénonciation du traité de commerce avec l'Angleterre, acheva de lui assurer un rang distingué parmi les orateurs d'affaires. Il se prononça pour la chute de Thiers au 24 mai 1873, s'abstint dans le vote du septennat, vota contre le pouvoir constitutionnel de l'Assemblée et contre les lois constitutionnelles. Réélu, le 20 février 1876, par la 1re circonscription de Saintes, avec 6.662 voix (12.172 votants, 14.902 inscrits), contre 5.415 voix à M. Mestreau, républicain conservateur. Il suivit la même ligne politique qu'auparavant, fit partie de la minorité et appuya avec elle le gouvernement du 16 mai. Réélu, le 14 octobre 1877, après la dissolution de la Chambre, dans la même circonscription, avec 7.254 voix (13.154 votants, 16.153 inscrits), contre 5.847 à M. Bisseuil, républicain. Il reprit sa place au groupe de l'Appel au Peuple et se montra l'adversaire de tous les ministères qui se succédèrent au pouvoir jusqu'à la fin de la législature. Elu, le 21 août 1881, par l'arrondissement de Jonzac, représenté jusque là par son fils René, avec 9.790 voix (19.346 votants, 25.126

inscrits), contre 9.308 à M. Dupan. Il continua de voter avec la droite et se prononça contre la politique coloniale. Porté aux élections du 4 octobre 1885 sur la liste conservatrice de la Charente-Inférieure, il fut élu le 2ᵉ sur 7, par 62.395 voix (126.616 votants, 143.670 inscrits). Vota contre les divers cabinets républicains, pour l'ajournement indéfini de la révision de la constitution, contre les poursuites contre trois députés membres de la ligue des patriotes, contre le projet de loi Lisbonne, restrictif de la liberté de la presse, contre les poursuites contre le général Boulanger, et, en dernier lieu (11 février 1889), s'abstint sur le rétablissement du scrutin d'arrondissement. Aux élections du 22 septembre 1889, faites au scrutin uninominal, il s'est porté dans son ancienne circonscription de Jonzac et a été élu par 10.504 voix, contre 7.692 à M. Lorquier, candidat républicain. Il a représenté au conseil général le canton sud de Saintes et a été promu officier de la Légion d'Honneur, le 14 août 1868. Il a publié : *Assemblées électorales de la Charente-Inférieure, (1790-1799).* Niort, 1868, in-8°, contenant des notes biographiques sur les personnages du temps ; *Etudes, documents et extraits relatifs à la ville de Saintes*. Saintes, 1877, gr. in-8°.

Femme, Jeanne-Joséphine-Géraldine-Agathe-Lydia BARSALOU, née à Agen, le 25 février 1827.

De ce mariage :

1° Jeanne - Marguerite - Marie Eschasseriaux, qui suit.

2° Pierre-Marie-René Eschasseriaux, rapporté après.

Jeanne-Marguerite-Marie ESCHASSERIAUX, née à Agen, le 3 juin 1847, mariée à Paris le 5 juin 1866, à *René-Charles-Marie* BARON DE CHAMBRY DE TROUCENORTE, ancien conseiller général de la Marne, né à Paris, le 3 décembre 1831. Dont :

1° Pierre de Chambry, né à Thenac, le 3 décembre 1871.

2° Jeanne de Chambry, née à Paris, le 4 mai 1875.

3° Geneviève de Chambry, morte le 24 juillet 1890.

Pierre - Marie - *René* ESCHASSE-
RIAUX, né à Agen, le 11 mai 1850,
marié à Notre-Dame-de-Vaudreil (Eure),
le 17 décembre 1880.

Entré de bonne heure dans la diplomatie, il venait d'être nommé attaché à
la légation de France en Italie et se
rendait à son poste, lorsque la déclara-
tion de guerre, en juillet 1870, le sur-
prit en route. Il revint en France et
s'engagea dans un régiment de lanciers.
Il rejoignit l'armée de la Loire avec les
escadrons de guerre et assista aux com-
bats de Loigny, de Beaugency, de Ven-
dôme et du Mans et prit part à la ré-
pression de la Commune. Il alla ensuite
rejoindre son poste à Rome, où il passa
un an, donna sa démission, puis voya-
gea dans plusieurs parties de l'Europe.
Aux élections du 20 février 1876, il fut
élu député de l'arrondissement de Jonzac, par 11.246 voix sur 20.146 votants
et 24.654 inscrits, contre 8.788 voix au
comte Duchatel, représentant sortant.
Il fit partie du groupe de l'Appel au
Peuple et accorda sa confiance au ministère Broglie. Réélu, le 14 octobre
1877, par 13.490 voix (19.562 votants,
24.974 inscrits, contre 5.825 voix à M.
Pineau, vota contre le ministère Du-

faure, contre l'élection de Grévy à la présidence, contre l'article 7 de la loi sur l'enseignement supérieur, etc. Il ne se représenta pas aux élections de 1881 et fut remplacé par son père. Conseiller général de la Charente-Inférieure pour le canton de Jonzac.

Femme, Marianne RAOUL-DUVAL, née à Nantes, le 20 novembre 1857, fille d'Edgard Raoul-Duval et de Catherine Foerster.

De ce mariage :

Gabrielle Eschasseriaux, née à Paris, le 9 janvier 1883.

Marie-Catherine-Amélie ESCHASSE-RIAUX, née aux Arènes, le 4 mai 1825 mariée le 15 avril 1848, à *Jean-Baptiste-Placide* GAILLARD ; morte le 1er mai 1856.

De ce mariage :

1. René Gaillard.

2. *Alice* GAILLARD, mariée, le 23 septembre 1873, à *Ernest* ROBIN. Dont ;

A. Amélie Robin.

B. Edmond Robin.

C. Alexandre Robin.

Lucile ESCHASSERIAUX, née aux Arènes, le 12 décembre 1827, mariée le 27 janvier 1852, à *Gérard-Sylvain-Marcellus* DUMON, maire d'Aubiac (Lot-et-Garonne) conseiller général de ce département, mort le 27 janvier 1892.

De ce mariage :

1° *Marguerite* DUMON, née le 19 janvier 1853, mariée à *Fernand* DE BATZ DE TREUQUELLON, capitaine d'infanterie. Dont :

A. *Geneviève* DE BATZ DE TREU-QUELLON, née à Agen le 4 mai 1875, mariée en 1895, à *Emile* DE LAGARDE, officier de cavalerie.

B. *Raoul* DE BATZ DE TREUQUEL-LON.

2. *Berthe* DUMON, née le 24 avril 1856, mariée à N. FROTZ DE BAZI-GNAU. Dont :

Louis Monge

Dessiné au physionotrace et gravé par
Quenedey, rue neuve des petits-champs,
N.° 1264, à Paris, en 1808.

A. Marguerite Frotz de Bazignau.

B. Marie Frotz de Bazignau.

Louis MONGE, deuxième fils de Jacques Monge et de Jeanne Rousseau, né à Beaune, le 11 avril 1748, marié à Fresne, le 9 février 1796, à *Marie-Adélaïde* DESCHAMPS, née à Bourg-la-Reine (Seine), le 26 décembre 1755, morte à Paris le 5 septembre 1827. Il mourut à Paris, rue de Condé, 19, 11° arrondissement, le 5 octobre suivant. Sans postérité.

Comme son frère aîné, Louis Monge fait ses études au collège des Oratoriens de sa ville natale, puis on le trouve clerc tonsuré et professeur de philosophie au petit séminaire d'Autun. Mais il abandonne l'état ecclésiastique pour les sciences vers lesquelles il se sentait attiré. En août 1774, il est à l'école royale du génie de Mézières et, du 15 novembre de cette année au 1er février 1776, il professe les mathématiques à l'école royale militaire de Paris. Il est ensuite, du 1er janvier 1780 au 17 novembre 1781, adjoint à son frère Gaspard, professeur de mathématiques à l'école de Mézières. Il revient après à Paris chargé de la même chaire à l'école militaire. Le 11 juillet 1785, il s'embarqua à Brest, sur la frégate l'*Astrolabe*, comme astronome, faisant partie de l'expédition de La Pérouse autour du monde. Mais le mal de mer continuel dont il souffrait, l'oblige d'abandonner le voyage à Ténériffe et de revenir en France. Il fut le seul survivant, avec M. de Lesseps qui, débarqué à Vladivostok, regagna la France par terre.

A son retour, il reprend ses fonctions à l'école militaire jusqu'au 31 décembre 1786. Pendant ce temps il est professeur du général Bonaparte et fait chaque semaine des cours à la communauté d'hommes de Picpus. Du 1er janvier 1787 au 6 janvier 1824, date de sa mise à la retraite, Louis Monge est examinateur des écoles d'hydrographie dans les ports et succède à son frère Gaspard — après l'avoir déjà souvent remplacé — comme examinateur de la marine et des aspirants à l'Ecole Polytechnique, lorsque son aîné a été nommé sénateur. Il occupa ce dernier poste de 1798 à 1807. Il était chevalier de la Légion d'Honneur, du 26 frimaire an XII (18 décembre 1803).

Jean MONGE, troisième fils de Jacques Monge et de Jeanne Rousseau, né à Beaune, le 26 juin 1751, était en 1778, marié à *Claudine* POULLEAU, de Chaudenay (Saône-et-Loire). Il mourut à Chaudenay, le 8 juin 1813 et sa femme vivait encore en 1821.

Ses études, comme celles de ses frères, Gaspard et Louis, furent dirigées vers les sciences, pour lesquelles il montrait aussi des aptitudes. Il est professeur de mathématiques à l'école militaire de Rebais (Seine-et-Marne), de la fin de l'année 1785 jusqu'au 16 novembre 1789. Consul de France à la Corogne, du 24 décembre 1772 au 20 sepseptembre 1795. Professeur de navigation à l'école de Nantes, le 24 juillet 1798, en remplacement de Rollin, qui venait d'être nommé représentant du peuple et pour le temps de la session. Professeur d'hydrographie et de mathématiques au port d'Anvers, du 16 juin 1799 au 20 août 1810, date de son admission à la retraite. Le 23 avril 1804, le préfet du département des Deux-Nèthes annonçait, pour le 21 mai suivant, l'ouverture d'un cours gratuit de géométrie pratique, qui devait être fait par Jean Monge.

De ce mariage :

1° Jean - Baptiste - François - Gaspard Monge, qui suit.

2. Marguerite - Louise - Angélique Monge, rapportée après.

Jean - Baptiste - François - Gaspard MONGE, officier d'infanterie, né à Beaune, paroisse Saint-Pierre, le 12 mai 1780, marié en Hollande, à Jeanne-Marie-*Elisabeth* HANCEL. Mort en son domicile, à Chaudenay, le 14 mars 1830.

De ce mariage :

1° *Henry* MONGE, né probablement en Hollande vers 1814, vivait en 1848, marié à *Françoise* LAFAY, dont :

A. Claude-*Arthur* MONGE, né à Châlon-sur-Saône, le 8 mai 1839.

B. *Louise* MONGE, mariée à N. PERRAUT. Dont :

Deux enfants, vivants en 1842.

Marguerite-Louise-Angélique MONGE, née à Beaune, paroisse Saint-Pierre, le 7 novembre 1781, femme en premières noces de *Jean-Pierre* BERRIEUX, d'Anvers, décédé à Tournhount, paroisse d'Anvers, le 20 août 1813 ; en deuxièmes noces, à Beaune, le 6 février 1821, de *Pierre* BIDAULT, né à Chaudenay, le 8 octobre 1783, fils de Jean-Baptiste Bidault et de Rose Troussard, mort à Chaudenay, en 1828, dont elle n'eut pas d'enfant.

De son premier mariage :

1° *Hippolyte* BERRIEUX, né en Belgique en 1808, tué à Paris, dans les journées de juillet 1830. Son nom est inscrit sur la colonne de la place de la Bastille.

2° *Sophie* BERRIEUX, née en Belgique, en 1810, mariée en 1836 à N. FROMAGEOT, employé à la sous-préfecture de Beaune, mort en 1861.

Dont quatre enfants :

Une fille, professeur de piano à Beaune, y a épousé N. FEBVRE, agent général à Beaune, de la Cie d'assurances « La Foncière » et mourut en couches à Beaune, de son premier enfant.

3. *Gaspard* BERRIEUX, négociant à Seurre (Côte-d'Or), né en Belgique, s'est marié dans les environs de Verdun-sur-le-Doubs (Saône-et-Loire), où il s'était établi.

Trois de leurs enfants vivaient en 1842. L'un d'eux était, en 1864, sergent-major au 64e régiment de ligne.

Claude-François MONGE, deuxième fils de Claude Monge et de Jacqueline Gay, marchand quincaillier, négociant, propriétaire à son décès, paroisse Saint-Pierre, né à Saint-Jeoire, le 28 décembre 1723, témoin au mariage de son frère Jacques, à Beaune, en 1737, habitant Dijon lors de son mariage dans cette ville, le 23 novembre 1751, mort à Beaune, rue du Marché, aujourd'hui rue Monge, le 20 octobre 1805.

Femme Pierrette ANDRÉ, née à Dijon, fille de Joseph André et de Anne Heutti, demeurant à Dijon, décédée à Toulouse, place Saint-Scarbes, 3e section, n° 897, le 28 janvier 1808, âgée de 75 ans.

De ce mariage :

1° *Jacques* MONGE, né à Beaune, paroisse Saint-Pierre, le 8 mars 1753.

2. *Joseph* MONGE, né à Beaune, même paroisse, le 6 juillet 1754.

3. *Marguerite* MONGE, née à Beaune, en 1761, religieuse, morte en 1829.

4. *Jean-Baptiste* MONGE, née en 1764, abbé, tué à Paris, à la prison des Carmes, le 24 septembre 1792.

5. *Antoinette* MONGE, née en 1762, mariée en premières noces, avant 1790, à *Etienne* ROUX, marchand à Autun ; en deuxièmes noces à Autun, où elle était marchande, le 29 juillet 1794, à *Philippe-François* NETTEMONT, juge de paix du canton de Montsauge, district de Chinon-la-Montagne (Nièvre), né et demeurant audit lieu, âgé de 36 ans, fils de feu Claude Nettemont et de feue Pierrette Cortet. Morte en 1812.

6. *Louis* MONGE, négociant à Beaune, né audit lieu, le 18 août 1766, décédé à Beaune, le 26 mars 1802, veuf de Anne MÉRANDON.

7. *Marguerite* MONGE, née à Beaune, en 1770, mariée en 1795, à *Antoine-Alexandre* DEVIENNE, de Lyon, directeur des contributions indirectes à Toulouse, en 1806, envoyé en disgrâce sous la Restauration, à Tulle. Il mourut avant sa femme, qui décéda à Châlon-sur-Saône, le 20 février 1845.

De ce mariage :

1. 2. 3. Trois garçons, morts jeunes

4. *Marguerite-Alexandrine* DEVIEN-NE, née à Beaune, le 11 août 1799, mariée à Tulle, le 18 mai 1819, à *Marie-Alexandre - Hippolyte* PERAGALLO, directeur des contributions indirectes, né à Marseille, le 22 avril 1784, fils de Barthélemy Peragallo et de feue Marie-Elisabeth Belleville.

De ce mariage :

A. *Alix-Marguerite-Elisabeth* PERA-GALLO, née à Tulle, le 10 avril 1820, mariée à *François-Alexis-Frédéric* SER-RAND, médecin à Châlon-sur-Saône.
Dont :

Jeanne - Marguerite - Elisabeth - *Edith* Serrand, née à Châlon-sur-Saône, le 8 juillet 1842.

B. *Alexandre - Barthélemy - Hippolyte* PERAGALLO, né à Montmorillon (Haute-Vienne), le 3 avril 1822, surnu-méraire chez son père, en 1842.

5. Marguerite-*Zetulbé* DEVIENNE, née à Toulouse, le 13 juillet 1806, ma-

riée à Tulle, le 5 septembre 1825, à *Jean* TEREYGEOL, notaire, nè à Saint-Salvadour (Corrèze), le 22 novembre 1796, fils de feu Jean Tereygeol et de feue Gabrielle Biret.

6. Eliza - Alexandrine, dìte *Louise Devienne*, née à Toulouse, le 26 décembre 1807, mariée à Tulle, le 8 février 1830, à *Jean-Baptiste-Marguerite* DUFOUR, notaire royal à Agen, né à Brignac (Corrèze), le 9 août 1803, fils de feu Jean-Baptiste Dufour Labastide et de Marie-Anne Lafeuillade.

De ce mariage :

1. Alexandrine Dufour, née en 1832.

2. Louise Dufour, née en 1836.

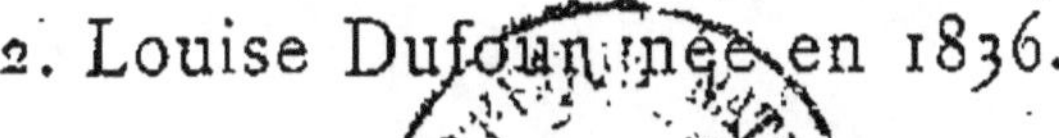

TABLE

DES NOMS DE PERSONNES

Les chiffres surmontés d'un astérisque, renvoient aux alliances directes de la famille Monge.

Bergerac. — Imprimerie Générale (J. Castanet).

www.ingramcontent.com/pod-product-compliance
Lightning Source LLC
Chambersburg PA
CBHW061319060726

47596CB00003B/977